BEI GRIN MACHT SICH IHR
WISSEN BEZAHLT

Sabine Wittek

Handelsrechtliche Bilanzierung von Dauerschuldverhält-nissen

GRIN Verlag

Bibliografische Information der Deutschen Nationalbibliothek:

Die Deutsche Bibliothek verzeichnet diese Publikation in der Deutschen National-
bibliografie; detaillierte bibliografische Daten sind im Internet über http://dnb.d-
nb.de/ abrufbar.

Impressum:

Copyright © 2005 GRIN Verlag GmbH
Druck und Bindung: Books on Demand GmbH, Norderstedt Germany
ISBN: 978-3-656-62778-4

Dieses Buch bei GRIN:

http://www.grin.com/de/e-book/271173/handelsrechtliche-bilanzierung-von-dauer-
schuldverhaeltnissen

Hausarbeit im Fach

Rechnungswesen und Besteuerung

SS 2005

Thema 6:

Handelsrechtliche Bilanzierung von

Dauerschuldverhältnissen

Fachhochschule Südwestfalen,

Abteilung Meschede

Wirtschaft

6. Semester

Arnsberg, 29.05.2005

Inhaltsverzeichnis

1. Einleitung

Ein Schuldverhältnis kann auf einmaligen Leistungsaustausch gerichtet sein, wie bei einem Kauf oder Tausch. Es ist aber auch denkbar, dass sich der Schuldner zu einem dauernden Verhalten verpflichtet oder die geschuldete Leistung in wiederkehrenden Einzelleistungen besteht, wie zum Beispiel bei einem Miet-, Pacht-, Leih-, Sukzessivliefervertrag, die ein Dauerschuldverhältnis darstellen.[1] Die handelsrechtliche Bilanzierung von Dauerschuldverhältnisse bedarf eine besondere Bilanzierung, die ich nachfolgend darstellen möchte.

Zunächst möchte ich den Begriff des Dauerschuldverhältnisse und die Arten nennen und erklären. Später möchte ich dann auf den Begriff des schwebenden Geschäfts eingehen und die Frage klären, wie man Dauerschuldverhältnisse handelsrechtlich bilanziert. In diesem Zusammenhang möchte ich dann auf die Rückstellungen und Drohverlustrückstellungen eingehen, die für die Bilanzierung von Dauerschuldverhältnissen eine Rolle spielen.

2. Definition Dauerschuldverhältnis

Dauerschuldverhältnisse sind schwebende Geschäfte, welche fest abgeschlossenes Geschäfte sind, allerdings weder von einem noch von beiden Vertragspartnern vollständig erfüllt wurden.[2] Typische Dauerschuldverhältnisse sind Miet-, Pacht-, Leih-, Darlehens-, Dienstvertrag oder der Sukzessivliefervertrag als Sonderform der Dauerschuldverhältnisse. Sie zeichnen sich dadurch aus, dass sie sich nicht in einmaligen Erfüllungshandlungen erschöpfen, sondern dass für die Vertragsparteien über einem längeren Zeitraum, das heißt, für eine gewisse Dauer besteht eine konkrete Leistungsverpflichtung. Der Schuldner verpflichtet sich bei einem Dauerschuldverhältnis zu einem dauernden Verhalten oder die geschuldete Leistung besteht in wiederkehrenden über einen längeren Zeitraum hinwegreichenden Einzelleistungen.

Die Zeit spielt eine bedeutende Rolle bei den Dauerschuldverhältnissen, da der Umfang des Schuldverhältnis von dem Zeitraum abhängt, in dem die Leistung erbracht werden soll. Im bilanziellen Sinne liegt ein Dauerschuldverhältnis dann vor, wenn bei einem zweiseitigen verpflichteten Vertrag noch keiner der Vertragspartner die vereinbarte Lieferung oder Leistung erbracht hat und so ein Schwebezustand vorhanden ist.

---

[1] Vgl. Eugen Klunzinger, Einführung in das Bürgerliche Recht, 11. Auflage, Vahlen Verlag, München 2002
[2] Vgl. Handels- und Steuerbilanz nach neuem Recht, Georg Wörner, 4. Auflage, S. 153

Kurz gesagt ist ein Dauerschuldverhältnis ein Vertragsverhältnis, bei dem die geschuldete Leistung in einem dauernden Verhalten oder in wiederkehrenden, sich über einen längeren Zeitraum erstreckenden Einzelleistungen besteht.[3]

2.1 Arten von Dauerschuldverhältnissen

Wie schon oben erwähnt gibt es verschiedene Arten von Dauerschuldverhältnissen, nachfolgend möchte ich die wichtigsten Arten aufzählen und kurz definieren.

- *Mietvertrag*

  Bei einem Mietvertrag verpflichtet sich der Vermieter, dem Mieter den Gebrauch der Sache während der Mietzeit zu gewähren, und der Mieter verpflichtet sich, den Mietzins (Miete) zu zahlen. [4]

- *Pachtvertrag*

  Ist durch einen gegenseitigen Vertrag zustande kommendes Dauerschuldverhältnis, das heißt ein gegenseitiges Schuldverhältnis zwischen Verpächter und Pächter, das den Verpächter verpflichtet, dem Pächter den Gebrauch des verpachteten Gegenstands und zusätzlich den Genuss der Früchte während der Pachtzeit zu gewähren.[5]

- *Leihvertrag*

  Der Verleiher überlässt dem Leiher Sachen zum Gebrauch ohne Entgelt. Die geliehenen Sachen müssen nach Gebrauch zurückgegeben werden.
  Ein Beispiel hierfür ist das Ausleihen von Büchern in der Bibliothek.

- *Darlehensvertrag*

  Ein Darlehensvertrag enthält die unentgeltliche oder entgeltliche Überlassung von Geld oder anderen vertretbaren Sachen zum Gebrauch gegen spätere Rückgabe von Sachen gleicher Art, Güte und Menge. In der Regel handelt es sich um einen Kreditvertrag.
  Beispiel hierfür ist eine Aufnahme eines Kredits bei einer Bank.

---

[3] Vgl. Gabler Wirtschaftslexikon, Gabler Verlag, 13. Auflage, Wiesbaden 1993
[4] Vgl. Lexikon der Betriebswirtschaft, Ottmar Schneck, 5. Auflage, Beck- Wirtschaftsberater im dtv, 2003
[5] Vgl. Lexikon der Betriebswirtschaft

- *Dienstvertrag*

  Durch einen Dienstvertrag wird derjenige, welcher die Dienste zusagt, zur Leistung der vereinbarten Dienste, der andere Teil zur Gewährleistung der vereinbarten Vergütung verpflichtet.

- *Gesellschaftsvertrag*

  Dieser regelt im Unternehmen Fragen der Gesellschaft, wie zum Beispiel Firma und Sitz der Gesellschaft oder Gegenstand des Unternehmens und die Rechtsverhältnisse der Gesellschafter untereinander wie zum Beispiel die Kapitalaufbringung, Geschäftsführungs- und Vertretungsbefugnis, Gewinn- und Verlustbeteiligung.

- *Sukzessivlieferungsvertrag*

  Der Sukzessivlieferungsvertrag stellt eine Sonderform der Dauerschuldverhältnisse dar und ist ein Kaufvertrag über eine im voraus festgelegte Menge oder Höchstmenge, die nicht auf einmal, sondern in einzelnen Raten zu leisten ist. Es handelt sich um einen langfristigen Vertrag mit zeitlich abgespaltenen Teilleistungen des Verkäufers, also ein Abruf nach Bedarf wie zum Beispiel bei Wasser, Strom, Gas, Bier. Aufgrund von Vereinbarungen werden periodisch gewisse Teillieferungen eines von vornherein bestimmten oder erst nach Bedarf bestimmbaren Umfang erbracht.

3. Definition schwebendes Geschäft

Ein schwebendes Absatzgeschäft liegt dann vor, wenn sich ein Unternehmen gegenüber einem Dritten zur Erbringung einer bestimmten Leistung verpflichtet hat, diese Leistung aber noch nicht vollständig erbracht hat und somit der Erfolg aus den Absatzgeschäften noch nicht realisiert wurde. „Es sind fest abgeschlossene Geschäfte, die entweder von einem oder von beiden Vertragspartnern noch nicht vollständig erfüllt wurden."[6]
Es kann sowohl aus Sachverpflichtungen oder aus Dienstleistungsverpflichtungen bestehen und auf einen einmaligen Leistungsaustausch gerichtet sein oder aber auch ein Dauerschuldverhältnis zum Gegenstand haben.

---

[6] Vgl. Handels- und Steuerbilanz nach neuem Recht, S. 153, Tz. 383

Ein einmaliger Leistungsaustausch kann zum Beispiel ein Kauf von Rohstoffen oder eine Reparatur von Anlagen im Unternehmen sein und ein Dauerschuldverhältnis wie schon oben erläutert ist zum Beispiel ein Mietvertrag, Sukzessivlieferungsvertrag oder ein Dienstvertrag. Der Schwebezustand eines Geschäfts beginnt mit dem Vertragsabschluss, es sei denn, dass eine aufschiebende Bedingung die Rechtswirksamkeit hinausschiebt und endet mit der Erfüllung durch den zur Lieferung oder der Leistung des Verpflichteten. Schwebende Geschäfte unterscheidet man im Allgemeinen nach der Art des Vertragsgegenstandes in Beschaffungsgeschäfte, Absatzgeschäfte, sowie die Dauerschuldverhältnisse.

4. Wie werden Dauerschuldverhältnisse handelsrechtlich bilanziert?

Dauerschuldverhältnisse benötigen eine besondere handelsrechtliche Bilanzierung und zwar bildet man Rückstellungen, so genannte Rückstellungen für drohende Verluste aus schwebenden Geschäften (Drohverlustrückstellungen), da aus einem schwebenden Geschäft ein Verlust entstehen kann.
§ 249 HGB besagt, das für Dauerschuldverhältnisse eine Rückstellung gebildet werden muss, da ein drohender Verlust aus schwebenden Geschäften vorhanden sein kann. Rückstellungen für Dauerschuldverhältnisse, also Drohverlustrückstellungen sind dann handelsrechtlich zu bilden, wenn konkrete Anhaltspunkte vorliegen, die den Eintritt eines Verlustes als ernsthaft bevorstehend erscheinen lassen.[7]
Wenn zum Beispiel im Rahmen der Dauerschuldverhältnisse beim Leasing zum Bilanzstichtag für den noch ausstehenden Teil des Rechtsgeschäfts (Restlaufzeit) voraussichtlich ein Verlust droht, ergibt sich handelsrechtlich eine Passivierungspflicht und es muss dann die Restlaufzeit passiviert werden, da nur für diesen Zeitraum ein Schwebezustand vorhanden ist.
Nachfolgend werde ich genauer auf die Rückstellungen, Drohverlustrückstellungen eingehen.

4.1 Definition und Arten von Rückstellungen

"Rückstellungen sind Passivposten für bestimmte Verpflichtungen eines Unternehmens, die zu künftigen Ausgaben führen und deren zugehöriger Aufwand der Verursachungsperiode

---

[7] Vgl. Beck'scher Bilanzkommentar,Handels- und Steuerrecht, Verlag H.C. Beck,5. Auflage, S. 248 Tz. 16

zugerechnet werden muss (sollte)." [8] Sie bilden einen künftigen Aufwand des Unternehmens, bei dem die genaue Höhe oder der Fälligkeitstermin nicht bekannt ist.

Rückstellungen werden aus dem Gründen der kaufmännischen Vorsicht gebildet, wenn konkrete Tatsachen darauf hinweisen, dass mit einer Inanspruchnahme fest zu rechnen ist.[9] Zu dem dienen sie auch der periodengerechten Abgrenzung von Vorfällen, bei denen eine Zahlung noch nicht erfolgt ist. Diese Ungewissheit bezüglich der Höhe und Fälligkeit unterscheiden die Rückstellungen von den Verbindlichkeiten.

§ 249 spricht von vier Rückstellungsarten und zwar :

1. Rückstellungen für ungewisse Verbindlichkeiten

2. Rückstellungen für drohende Verluste aus schwebenden Geschäften (Dauerschuldverhältnisse)

3. Rückstellungen für Gewährleistung ohne rechtliche Verpflichtung (Kulanzrückstellung)

4. Aufwandsrückstellungen

„Diese Einteilung in die einzelnen Rückstellungsarten ist bedeutsam, da das Handelsrecht für die Bildung von Rückstellungen für ungewisse Verbindlichkeiten, für drohende Verluste aus schwebenden Geschäften und für Gewährleistungen ohne rechtliche Verpflichtungen eine Ansatzpflicht bestimmt, während für Aufwandsrückstellungen nur zum Teil eine Ansatzpflicht besteht (§ 249 Abs. 1 Satz 2 Nr. 1 und Nr. 2), aber zum Teil auch ein Ansatzwahlrecht gewährt wird (§ 249 Abs. 1 Satz 3 und Abs. 2)." [10]

Der § 249 HGB besagt, das Rückstellung bilanzierungsfähige Schuldposten besonderer Qualität sind, wobei zwischen Verbindlichkeitsrückstellung und Aufwandrückstellungen unterschieden wird.

- *Verbindlichkeitsrückstellungen*

---

[8] Vgl. Bilanzen, Baetge/Kirsch/Thiele, IDW-Verlag GmbH, 6. Auflage, 2002, S. 355
[9] Vgl. Basiswissen Rechnungswesen, Volker Schultz, 2. Auflage, Beck, dtv
[10] Vgl. Bilanzen, S. 361

Sie beruhen auf einer Außenverpflichtung, das heißt einem rechtlichen oder faktischen Leistungszwang gegenüber Dritten und erfordern aufgrund der Abgrenzungsgrundsätze die Bildung eines Schuldenposten.

Zu den Verbindlichkeitsrückstellungen gehören die Rückstellungen für ungewisse Verbindlichkeiten, Rückstellungen für drohende Verluste aus schwebenden Geschäften (Drohverlustrückstellungen), und die Gewährleistungsrückstellungen. Auf die Drohverlustrückstellungen werde ich später noch genauer eingehen.

- *Aufwandsrückstellungen*

Sie beruhen auf einer Innenverpflichtung und es fehlt an einer Leistungsverpflichtung gegenüber Dritten. Sie stellen „unechte" Schulden im Sinne von §§ 246, 247 HGB dar.

Zu den Aufwandrückstellungen gehören die Rückstellungen für unterlassene Instandhaltung und Abraumbeseitigung, sowie die sonstigen Aufwandsrückstellungen.

Die Rückstellungen bilden zusammen mit den Verbindlichkeiten die Schulden und stehen auf der Passivseite der Handelsbilanz. Sie kennzeichnen sich dadurch, dass sie eine zukünftige und unsichere Vermögensbelastung besitzen, die bereits für das abgelaufene Geschäftsjahr durch eine ergebniswirksame Rückstellungsbildung im Jahresabschluss zum Bilanzstichtag berücksichtigt wird.

4.1.1 Bilanzierung von Rückstellungen

Der § 249 HGB regelt die Passivierung der Rückstellungen und nur für die im HGB genannten Zwecke darf eine Rückstellung gebildet werden und zwar für folgende:

1. ungewisse Verbindlichkeiten

2. drohende Verluste aus schwebenden Geschäften (Drohverlustrückstellungen)

3. im Geschäftsjahr unterlassener Aufwand für Instandhaltung, die im folgenden Geschäftsjahr innerhalb von drei Monaten nachgeholt werden.

4. im Geschäftsjahr unterlassene Aufwendungen für Abraumbeseitigung, die im folgenden Geschäftsjahr nachgeholt werden.

5. Gewährleistungen, die ohne rechtliche Verpflichtungen erbracht werden.

Rückstellungen sind wie Schulden im Allgemeinen zu ihrem Erfüllungsbetrag anzusetzen, welches der Betrag ist, der notwenig ist, damit sich das Unternehmen der Verpflichtung entledigen kann.

§ 253 Abs. 1 Satz 2 HGB besagt, das Rückstellungen nur in Höhe des Betrags anzusetzen sind, der nach vernünftiger kaufmännischer Beurteilung notwendig ist und dürfen nur abgezinst werden, soweit die ihnen zugrunde liegenden Verbindlichkeiten einen Zinsanteil enthalten.[11]Rückstellungen wirken im Zeitpunkt ihrer Bildung gewinnmindernd und da sie im Hinblick auf einen Aufwand des Betriebes gebildet werden, zählen sie zum Fremdkapital. Durch Rückstellungen können die Verbindlichkeiten, drohende Verluste aus schwebenden Geschäften und bestimmte Aufwendungen bilanziell erfasst werden.[12]

Der § 249 Abs. 1 Satz 1 HGB besagt: „Rückstellungen sind für ungewisse Verbindlichkeiten und für drohende Verluste aus schwebenden Geschäften zu bilden."[13]

4.1.2 Auflösung von Rückstellungen

Zur Auflösung der Rückstellung gilt nach § 249 III 2 HGB, das einmalig gebildete Rückstellungen nur aufgelöst werden dürfen, wenn der Grund für ihre Passivierung in nachfolgenden Geschäftsjahren entfallen ist ansonsten besteht ein Auflösungsverbot.

Es besteht allerdings eine Auflösungspflicht, wenn der Passivierungsgrund für die Aufwandsrückstellung entfallen ist oder es sich herausstellt, dass er niemals bestanden hat. Infolgedessen ist zu jedem Bilanzstichtag zu prüfen, ob die handelsrechtlichen Voraussetzungen für die Passivierungen noch gegeben sind.

 Wenn diese Voraussetzungen nicht vorliegen, so sind die Rückstellungen ergebniswirksam aufzulösen. Sie erhöhen im Zeitpunkt ihrer Auflösung, die bei Eintritt des Rückstellungsanfalls zu erfolgen hat, nur dann den Gewinn, wenn sie für den vorgesehenen Zweck nicht in voller Höhe benötigt werden.

---

[11] Vgl. HGB, Beck- Texte im dtv, 41. Auflage, 2004, § 253
[12] Vgl. Bilanzen, S. 355
[13] Vgl. HGB, §249

4.2 Drohende Verluste aus schwebenden Geschäften (Drohverlustrückstellungen)

Drohverlustrückstellung sind künftige Ausgaben für ein eingeleitetes schwebendes Geschäft, die erwartete künftige Erträge aus dem Geschäft übersteigen, so verlangt das Imparitätsprinzip die Bildung einer Drohverlustrückstellung, die den künftigen Ausgabenüberschuss antizipiert. Sie dürfen nur angesetzt werden, wenn aus einem schwebenden Geschäft ein Verlust in Form eines Aufwandsüberschuss zu erwarten ist.

Die Ermittlung dieser Saldogröße für den Ansatz umfasst auch die Ermittlung der Höhe der Rückstellungen und somit ist der Ansatz und die Bewertung bei der Bildung nicht zu trennen. Rückstellungen für drohende Verluste aus schwebenden Geschäften sind ein Unterfall der Rückstellungen für ungewisse Verbindlichkeiten.[14]

Da aus einem Dauerschuldverhältnis ein Verlust eintreten kann, bildet man Rückstellung für drohende Verluste aus schwebenden Geschäften (Drohverlustrückstellungen), um so die Dauerschuldverhältnisse bilanziell erfassen zu können. Für die Rückstellungsbildung in der Handelsbilanz genügt nicht nur die bloße Möglichkeit des Verlusteintritts, sondern der Verlust muss objektiv zu erwarten sein, das heißt, es müssen konkrete Anzeichen da sein, dass der Wert der eigenen Verpflichtung aus dem Geschäft den Wert des Anspruchs auf die Gegenleistung übersteigt. Ein drohender Verlust kann nicht schon damit begründet werden, dass der Empfang der Gegenleistung zum Aufwand führt, sondern auch wenn bewusst ein verlustbringendes Geschäft eingegangen wurde, muss eine Rückstellung für drohende Verluste aus schwebenden Geschäften gebildet werden.

Mit einem Eintritt eines Verlustes ist dann zu rechnen, wenn bis zur Bilanzaufstellung bekannt geworden ist, dass und warum die zu erbringende Leistung insgesamt Kosten verursacht, die über dem Wert der vereinbarten Gegenleistung des Kunden liegen. Ob ein Verlust vorliegt, lässt sich beurteilen, wenn Anspruch und die Verpflichtungen für sich bewertet werden.

Nach § 252 Abs.1 Nr.4 sind Drohverlustrückstellungen dann zu bilden, wenn das zu dem künftigen Verlust führende Ereignis oder das zu antizipierende Risiko im Entstehen begriffen ist.[15] Übersteigt der Wert der eigenen Leistung den Wert der zu erwarteten Gegenleistung, so droht ein schwebendes Geschäft künftig mit einem Verlust in der Höhe des Differenzbetrags

---

[14] Vgl. Beck'scher Bilanzkommentar, S. 260 Tz.52
[15] Vgl. Bilanzen, S. 378

abzuschließen. Diesen drohenden Verlust muss dann das Unternehmen antizipieren und entsprechend nach § 249 Abs. 1 Satz 1 HGB eine Rückstellung in der Höhe der Differenz zwischen dem Wert der erwarteten Gegenleistung und der eigenen Leistung bilden. Um diesen Verlust antizipieren zu können, muss der Verlust für das Unternehmen aufgrund konkreter Tatsachen vorhersehbar sein.

Die Pflicht zur Bildung von Rückstellungen für drohende Verluste aus schwebenden Geschäften ergibt sich aus dem § 252 Abs. 1 Nr. 4 (Imparitätsprinzip). Die Pflicht zur Passivierung von Drohverlustrückstellung erfolgt auf der Basis des Imparitätsprinzips, das verlangt das die Verluste erfolgsrechnerisch antizipiert werden.

Das Imparitätsprinzip besagt, das vorhersehbare Risiken und Verluste, die in dem Geschäftsjahr oder einem früheren Geschäftsjahr entstanden sind, zu berücksichtigen sind, selbst wenn diese Umstände erst zwischen dem Bilanzstichtag und dem Tag der Aufstellung des Jahresabschluss bekannt geworden sind.[16] Es sind alle Verluste zu berücksichtigen, die bis zum Abschlussstichtag entstanden sind.

„Der aus einem schwebenden Geschäft drohende Verlust stellt ein zu antizipierendes Risiko dar, das bis zum Bilanzstichtag entstanden ist."[17]

Drohverlustrückstellungen dienen der Verlustantizipation und somit der Kapitalerhaltung und nicht der periodengerechten Erfolgsermittlung, da Aufwandselemente des kommenden Geschäftsjahres aus Kapitalerhaltungsgründen antizipiert werden.

Es gilt eine Passivierungspflicht, obwohl die Drohverlustrückstellungen zu den Schulden gehören und diese eine Passivierungsgebot haben.

Die Aufwendungen, die eigentlich nach dem Abgrenzungsgrundsatz späteren Perioden zuzurechnen wären, werden als außerplanmäßige Abschreibungen oder Drohverlustrückstellungen im Jahresabschluss berücksichtigt.

Bei schwebenden Beschaffungsgeschäften ist eine Drohverlustrückstellung immer dann zu passivieren, wenn der Wert des konkreten Lieferungsanspruchs oder Leistungsanspruch am Bilanzstichtag niedriger ist, als der Wert der Gegenleistung des Bilanzierenden. Ausschlaggebend dafür sind die objektiven Wertverhältnisse am Bilanzstichtag.

So ein Verpflichtungsüberschuss droht, wenn zum Beispiel bei einem schwebenden Veräußerungsgeschäft nicht schon deshalb, weil bei der Herstellung noch technische Probleme auftreten können. Die aus schwebenden Geschäften resultierenden Ansprüche und Verpflichtungen werden im Jahresabschluss grundsätzlich nicht bilanziert und somit

---

[16] Vgl. Beck'scher Bilanzkommentar, S. 405 Tz. 34
[17] Vgl. Bilanzen, S. 374

auch nicht gesondert ausgewiesen. Eine Aktivierung der Ansprüche aus schwebenden Geschäften würden gegen das Realitätsprinzip verstoßen und die aus den schwebenden Geschäften resultierenden Verpflichtungen wird durch die Ansprüche aus demselben Geschäft kompensiert und stellt daher keine wirtschaftliche Belastung dar.[18]

5. Zusammenfassung

Dauerschuldverhältnisse sind schwebende Geschäfte und zeichnen sich dadurch aus, dass sie sich nicht in einmaligen Erfüllungshandlungen erschöpfen, sondern für eine gewisse Dauer bestehen. Typische Arten von Dauerschuldverhältnissen sind der Mietvertrag, Pachtvertrag, Leihvertrag, Darlehensvertrag, Dienstvertrag, Gesellschaftsvertrag und die Sonderform der Dauerschuldverhältnisse, der Sukzessivlieferungsvertrag.

Um Dauerschuldverhältnisse bilanziell erfassen zu können, bildet man Rückstellungen, für die in § 249 HGB genannten Zwecke, die passivierungspflichtig sind. Rückstellungen bilden zusammen mit den Verbindlichkeiten die Schulden in der Handelsbilanz. Es gibt Verbindlichkeitsrückstellungen und Aufwandsrückstellungen.

Zu den Verbindlichkeitsrückstellungen gehören die Rückstellungen für drohende Verlust aus schwebenden Geschäften. Ein schwebendes Geschäft, ist ein fest abgeschlossenes Geschäft, was allerdings weder von einem noch von beiden Vertragspartnern vollständig erfüllt wurde. Rückstellungen dürfen nur aufgelöst werden, wenn der Grund für ihre Passivierung in nachfolgenden Geschäftsjahren entfallen ist und in den anderen Fällen besteht ein Auflösungsverbot. Das Imparitätsprinzip verlangt die Bildung einer Drohverlustrückstellung, die den künftigen Ausgabenüberschuss antizipiert und aus dem § 252 Abs. 1 Nr. 4 ergibt sich die Pflicht der Bildung von Drohverlustrückstellungen.

6. Fazit

Die besondere Bilanzierung von Dauerschuldverhältnissen verlangt, das wenn ein Verlust droht eine Rückstellung für drohende Verluste aus schwebenden Geschäften (Drohverlustrückstellungen) gebildet wird und für diese Rückstellungen gilt eine Passivierungspflicht § 249 HGB, trotz ihres Schuldcharakters.

Durch die Bildung so einer Drohverlustrückstellungen kann man dann die Dauerschuldverhältnisse in der Handelsbilanz erfassen und dient sie der Verlustantizipation.

---

[18] Vgl. Bilanzen, S. 373

7. Literaturverzeichnis

Baetge, Jörg/Kirsch Hans-Jürgen/Thiele, Stefan: Bilanzen, IDW-Verlag, 6. Auflage, 2002

Beck-Texte im dtv, HGB, 41. Auflage, 2004

Beck´scher Bilanzkommentar:Handels- und Steuerrecht,Verlag C.H. Beck, 5.Auflage,2003

Gabler Wirtschaftslexikon, 13. Auflage, Gabler Verlag, Wiesbaden 1993

Klunzinger, Eugen: Einführung in das Bürgerliche Recht, 11. Auflage, Vahlen Verlag, München 2002

Olfert/Ditges/Langenbeck: Bilanzen, 9. Auflage, 2000

Schneck, Ottmar: Lexikon der Betriebswirtschaft, 5.Auflage, Beck- Wirtschaftsberater im dtv, 2003

Schultz, Volker: Basiswissen Rechnungswesen, Beck im dtv, 2. Auflage, 2001

Wörner, Georg: Handels- & Steuerbilanzen nach neuem Recht, mi Verlag, 4. Auflage, 1991

8. Abkürzungsverzeichnis

HGB   Handelsgesetzbuch

Tz   Textziffer

S.   Seite

Vgl.   vergleiche